BEI GRIN MACHT SICH IHR WISSEN BEZAHLT

- Wir veröffentlichen Ihre Hausarbeit, Bachelor- und Masterarbeit

- Ihr eigenes eBook und Buch - weltweit in allen wichtigen Shops

- Verdienen Sie an jedem Verkauf

Jetzt bei www.GRIN.com hochladen und kostenlos publizieren

Tobias Molsberger

Einführung in die französische Kulturwissenschaft und Landeskunde

Zusammenfassung in Stichpunkten

GRIN Verlag

Bibliografische Information der Deutschen Nationalbibliothek:

Die Deutsche Bibliothek verzeichnet diese Publikation in der Deutschen National-
bibliografie; detaillierte bibliografische Daten sind im Internet über http://dnb.d-
nb.de/ abrufbar.

Impressum:

Copyright © 2010 GRIN Verlag GmbH
Druck und Bindung: Books on Demand GmbH, Norderstedt Germany
ISBN: 978-3-656-71879-6

Dieses Buch bei GRIN:

http://www.grin.com/de/e-book/278103/einfuehrung-in-die-franzoesische-kultur-
wissenschaft-und-landeskunde

GRIN - Your knowledge has value

Der GRIN Verlag publiziert seit 1998 wissenschaftliche Arbeiten von Studenten, Hochschullehrern und anderen Akademikern als eBook und gedrucktes Buch. Die Verlagswebsite www.grin.com ist die ideale Plattform zur Veröffentlichung von Hausarbeiten, Abschlussarbeiten, wissenschaftlichen Aufsätzen, Dissertationen und Fachbüchern.

Vorlesung 1: Allgemeine Begriffe der Kulturwissenschaft

Stereotypen: relative starre, konstante, überindividuelle Vorstellungsbilder
→ Vereinfachungen, Verallgemeinerung
→ Werturteile
- Autostereotype: Selbstbilder
- Heterostereotype: Fremdbilder
→ Stereotype stabilisieren Außengrenze kultureller Identität durch Konstruktion von Selbst- und Fremdbildern
→ Stereotype stellen Orientierungswissen bereit, das komplexe Umwelt verständlich und überschaubar macht
→ Pauschalisierung, die Individualität unterdrückt!

Stereotypenforschung: Ziel ist nicht Wahrheit von Stereotypen zu ergründen, sondern Funktion und Wirkung von Stereotypen, in Prozessen kollektiver Identitätsbildung.

Frankreichbilder (aus Deutschland, traditionell)
- Gelassenheit, liebenswert, lebenslustig, Freude am Genießen

Frankreich aus eigener Sicht
- Rettermythen wie Jeanne d'Arc (traditionell)
→ Geburtsstunde Frankreichs als Grande Nation
- 1789: Selbstbefreiung des Volkes um der Welt Freiheit zu bringen
- Land des technischen Fortschritts (TGV)
- Heterogenität der frz. Gesellschaft

Was ist Kultur?
- kein einfaches Phänomen neben Staat, Religion, Politik (nicht nur Musik, Literatur, Kunst)

3 Dimensionen von Kultur
- Mentale Dimension = Mentalitäten
- Soziale Dimension = Gesellschaft und Institutionen
- Materielle Dimension = künstlerische Artefakte

→ Dimensionen sind wechselseitig voneinander abhängig und dynamisch (wandelbar)
→ Kultur wird vom Menschen produziert, ist deshalb veränderbar
→ Kultur dient als Identifikation von Individuum mit einem Kollektiv

Was leistet Kulturwissenschaft?
- Wie verbinden sich Individuen zu einer Gemeinschaft?
- Was verbindet diese?
→ Phänomene zur Kollektivbildung
- Zusammenhänge für „Wir-Gefühl"
- Kulturanalyse: Strukturen von Kultur freilegen, „dekonstruieren" anhand indirekter Faktoren (z. B. Literatur)

Kulturelle Identität
- gemeinsame Regeln, Normen und Werte eines Kollektives
- gemeinsame Erinnerungen

Landeskunde
- Verbindung diverser Disziplinen
- untersucht Texte als konkrete Quellen für Aussage über Bindungen u. Entwicklung v. Texten u. Kulturen
- Hintergrundwissen und Kontextwissen über fremdes Land
→ messbares, deklaratives Wissen (Faktenwissen)

Kulturwissenschaft
- Programme von Kulturen
- Funktion von Gegenständen innerhalb kultureller Denkweise (Texte…)
- keine neue Universalwissenschaft
- Vernetzung verschiedener Bereiche; unterschiedliche Diskurse, welche klar machen, dass Kultur stets multiperspektiv gebunden ist
→ Erschließen von Unbeobachtbarem anhand von Beobachtbarem

Vorlesung 2: Deutsch-frz. Beziehungen

Französische Deutschlandbilder
- Deutsche als Barbaren → „Die Entdeckung des Boches" (Dickschädel)
- Deutsche erdrückend, kriegerisch → Soldat erdrückt Marianne, Marianne entreißt Germania Maske, hinter der sich hässlicher, deutscher Soldat verbirgt

Deutsche Frankreichbilder
- Frankreich habgierig: nach 1. WK Frankreich will Deutschland Ruhrgebiet entreißen
- nach 2. WK erste zaghafte Annäherung
- 1950er allmähliche Aussöhnung
- ab 1963 „Hochzeit" → Partnerschaft beider Länder

Geschichte dt.-frz. Beziehungen
1. Vorgeschichte
- gemeinsamer Ursprung: Reich Karl des Großen
- 843 Teilung in 3 Reiche: Frankreich, Lothringen und Germania
→ bis dato: keinerlei Nationen, FR zentralistisch; DE föderativ
→ Dynastien verschiedener Herrschaftsgebiete
- ab 16./17. Jahrhundert erste Nationalbestrebungen
- Frankreich umzingelt von Habsburgern
→ Konfliktpotenzial, aber überdeckt von Vormachtstellung frz. Kultur
- Rhein erst im 17. Jh. Grenzfluss wegen Eroberung Louis XIV.
→ Herauskristallisieren von Rivalitätsbeziehung

2. Befreiungskriege Napoleons: Entstehung Erbfeindschaft
- Bild des Erbfeindes: hält 150 Jahre an, kombiniert mit 4 Kriegen
- 1806: Zerschlagung dt. Fürstentümer durch Napoleon
- von dt. Seite: Franzosen als Feine deklariert, Deutsche überlegen, kriegsbereit
→ Entwicklung von Nationalcharakteren
→ Gegensatz DE/FR: Deutschland männlich, stark; FR weiblich, schwach

3. Deutsch-frz. Krieg
- Einigungsprozess Deutschlands → Frankreich fürchtet deutsche Konkurrenz
- Niederlage Frankreichs: radikale Veränderung der Beziehungen
- Krönung Wilhelms I. in Versailles
→ Demütigung Frankreichs, Bismarck Ikone der Reichsgründung
- Angst Frankreichs vor Übermacht Deutschlands, Revanchegedanken
- Elsass bis 1918 an Deutschland, Elsass 1940 durch Nazis erneut annektiert, ab 1945 wieder frz.

4. Zwei Weltkriege: Die Deutschen werden zu Barbaren
- rassische Stereotypen: Deutsche als Barbaren
- Kaiser ist Tyrann, „Défendre la civilisation (la France) contre la barbarie"
- Feindbilder zur Legitimation von Krieg
→ Erbfeindschaft als folgenreiches Konstrukt
- später : Kollaboration Frankreichs mit Nazideutschland als Trauma

5. Gegenwärtige Entwicklung der Beziehungen
- 3 Phasen: Annäherung, Aussöhnung, Partnerschaft
- Institutionalisierung der Partnerschaft
→ Überwindung alter Rivalität
- dt.-frz. Vertrag
→ Austausch beider Länder; gegenseitiges Kennenlernen
- polit. Interesse: Position Deutschlands/Frankreichs stärken als Gegengewicht zu USA/GB
- bis heute: DE männlich, FR weiblich dargestellt
- nach Wiedervereinigung 1989: Frankreich fürchtet Wiedererstarken Deutschlands
→ Übermacht Deutschlands
→ Bevölkerung jedoch positiv gestimmt
- bis heute wichtigste Handelspartner; enge, wechselseitige Interdependenz

Vorlesung 3: Die Entstehung Frankreichs

Das hexagone Frankreich: Grundfragen und räumliche Strukturen

1. Wie ist heutiges Frankreich entstanden?
- früher: natürlich Grenzen, die FR begrenzen
→ so musste FR entstehen
- FR: Rhein ist Grenze, DE: Vogesen sind Grenze → ideologische Aufladung

a) Überblick geograf. Raum
- keine Nation so früh geografisch herausgebildet (bereits 1604)
→ starke mentale Identifikation mit Einheit Frankreichs
→ geschlossene, nationale Einheit
→ jedoch: Zentralmassiv bildet keine Einheit
- Lucien Febvre: Grenzen nicht natürlich, sondern durch historische Entwicklung bedingt; Nation definiert sich durch „gemeinsame Gewohnheiten"
→ Nation als Grundlage des frz. Selbstverständnisses, jeder, der sich zu gemeinsame Werten bekennt ist Franzose
→ jedoch: natürliche Grenzen als Herrschaftslegitimation

b) Durchgangsräume
2 Achsen (Nord-Süd/Ost-West) mit Schnittpunkt Paris
→ gehen auf Völkerwanderungszeit zurück
- bis heute: Norden besser erschlossen, wirtschaftlich bedeutender als Süden
→ Konzentration aller Macht in Paris, Übermacht

2. Phasen der Herausbildung des Staatsgebietes
a) 843: Nach der Reichsteilung (Vertrag von Verdun)
→ ab dann: getrennte Weger beider Staaten
- westfränk. Reich: Vulgärlatein → später Frz.
- ostfränk. Reich: Deutsch als Volkssprache
- bis 1000 Zusammenschrumpfen des königl. Einflusses, Herausbildung einzelner Fürstentümer
→ danach: Karpetinger erobern einzelne Gebiete

b) Hundertjähriger Krieg mit England
- Zäsur
- Jeanne d'Arc beendet Krieg 1429 in Orléans → England verzichtet auf Thronanspruch

c) Frz. Provinzen im 17./18. Jh.
- Eroberung verschiedener Provinzen, die aus langer Feudalherrschaft entstanden sind
- Raum Frankreichs bis heute
- Einfluss d. Absolutismus: Beamte des Königs in jeder Provinz
→ Nationalstaatliches Denken, Vorläufer des Nationalstaats

d) Frz. Revolution 1789
- heutige Verwaltungsgliederung in 95 Departements
- Republik: FR weiterhin als Nationalstaat
→ Einteilung nach „égalité-Prinzip"; jede Provinz in etwa gleich groß; gleiche Lebensbedingungen der Bevölkerung
- 1 Tagesritt muss Präfektur (Hauptstadt des Departements) erreicht werden
- Lyon/Paris kleiner, um Einfluss zu limitieren
→ Verwaltungsstruktur bis heute evident
- dann: Jakobiner verstärken Pariser Einfluss durch Präfekte
→ Etappenweise Formierung des Raumes FR
→ uneinheitlicher historischer Prozess, jedoch Vereinheitlichung sehr schnell
→*dennoch: Paris als Zentralmacht erhalten*

Vorlesung 4: Die Revolution von 1789 als Ereignis und Erinnerungsort.

1. Die Revolution und die Grundlagen des französischen Nationalbewusstseins – Grundstrukturen und Probleme
- Umbruch als Tragweite: wichtigstes Ereignis der Moderne
- Revolution als « lieu de mémoire »
- Selbstverständnis frz. Geschichte ist Revolution → 1. Republik
- Kontinuitätsbewusstsein Frankreichs im Blick auf eigene Geschichte → siehe 5. Republik
- Symbole der Republik: Ursprung in frz. Revolution
- Nationalbewusstsein = Nation
→ Revolution = Republik = Nation
→ frz. Revolution = Anfang des modernen Frankreich

4

→ Frankreich entwickelt Missionsverständnis; Fortschritt/Modernität nach Europa/in die Welt

3 Probleme der Konstruktion
- Vorgeschichte FR
- Besatzungszeit Frankreichs
- Erinnerungskonkurrenz als mögliche Geburtsstunde Frankreichs
1. Taufe Chlodwigs (Christianisierung)
2. 987 Wechsel der Dynastien
3. 1429 Ende des 100jährigen Kriegs durch Jeanne d'Arc
- folglich: Revolution als Einheit; 1789 am engsten mit Revolution verbunden

2. Zentrale Ereignisse und symbolische Inszenierungen des Neuen: Vier zeitgenössische Gemälde
Ausgangslage 1789:
- Feudalgesellschaft
→ 95 % der Bevölkerung 3. Stand
→ Boden mit Abgaben belastet
→ Adel (Beamte)/Klerus privilegiert; keine Abgaben
→ Absolutismus: König als absolute Autorität; kein Gegengewicht

1789 alte Ordnung in Krise
1, Schwächung des Steuersystems → Ungerechtigkeitsgefühl
2. Soziale Krise → Hunger = Kritik an Gesellschaft, Auklärung
3. Finanzkrise → Überschuldung der Kröne (siehe amerik. Unabhängigkeitskrieg)

Revolution beginnt:
- Einberufung der Generalstände
→ 1./2. Stand fürchten um Privilegien
- Streit um Abstimmungsmodus führt zur Räumung des Sitzungssaals durch König
- Ausweichen der Abgeordneten des 3. Standes in Ballsporthalle (Ballhaus)
→ Erklärung zur Nationalversammlung als Vertretung der Nation
→ Ziel: Verfassung für Frankreich
→ siehe: zeitgenössisches Gemälde zum Ballhausschwur

Sturm auf die Bastille am 14.07.1789
- Bruch mit alter Ordnung
- keine militärische Organisation, sondern spontaner Volksaufstand

Erklärung der Menschenrechte (Bild)
- Anlehnung an religiöse Gesetzestafeln
→ Licht der Aufklärung/Gottes Auge
→ Trikolore = Farben der drei Stände, Kettenbruch: Bruch mit alter, unvernünftiger Ordnung
→ Marianne als Frau löst König als Vater der Nation ab
- neue Ordnung ist gottgewollt, naturgegeben und vernünftig
- sakrale Dimension der neuen Ordnung als Legitimation
- Erklärung bis heute in Verfassung erhalten
- Bruch = Zäsur, Neuanfang
- Symbole: Traditionslinie (Marianne, Trikolore, Marseillaise)

Das Föderationsfest vom 14.07.1790
- Erinnerung an revolutionäres Ereignis
- Ludwig schwört Eid auf Verfassung → konstitutionelle Monarchie
- Einheit der Nation →Verbrüderung
- Altar des Vaterlandes; Legitimation durch religiösen Bezug → Grundlage für Ursprungserzählung
- ab 1880: 3. Republik; 14.07. wird Nationalfeiertag

3. Nation als zentraler Bezugspunkt
- Einberufung Generalstände = Wahrung alter Ordnung
- Nation tritt an Stelle von König
→ Kollektiver Wille vs. Willkürherrschaft des Königs
- Generalstände nur beratend
- Nationalversammlung: demokratische Mehrheitsentscheidungen
→ verfassungsgebend, parlamentarische Machtbefugnisse

Emannuel Sieyès (1748-1836)

1. Was ist der Dritte Stand? Alles und noch mehr.
2. Was ist er bis jetzt in der politischen Ordnung gewesen? Nichts.
3. Was verlangt er? Etwas zu sein und so zu bestehen wie er immer sein wird.

1. 95 % der frz. Bevölkerung 3. Stand
→ Legitimation zur Repräsentation der Nation
→ 3. Stand = Nation
→ demokratische Prinzipien

2. 1./2. Stand repräsentiert nur eigene Interessen, jedoch 3. Stand zahlenmäßig weit überlegen

Erklärung der Menschenrechte
- Verfasser ist das Volk (vertreten durch Nationalversammlung)
- Mensch hat natürliche, unveräußerliche Rechte
- Freiheit, Gleichheit, Recht auf Eigentum
- Menschenrecht basiert auf Naturrechtsdenken der Aufklärung
→Natur des Menschen entspricht nur dieser Gesellschaftsordnung
→ natürliche Rechte: Freiheit, Gleichheit, Besitz, Sicherheit
- Nation: Souveränität geht vom Volke aus
- jedoch: Freiheit endet, wo Freiheit des Anderen beginnt
- Gesetz entspricht dem Volkswillen

- Altes Frankreich (Volk von Untertanen) vs. Neues Frankreich (Nation freier Bürger)

Vorlesung 5: Die Revolutionen im 19. Jahrhundert und der politische Wandel Frankreichs

1. Überblick über die politischen Umbrüche vom Ende des Ersten Kaiserreichs bis zur Dritten Republik

- Übergang von monarchistischer Gesellschaft hin zum Bürgertum
- eher langfristige gesellschaftliche und wirtschaftliche Entwicklung des Bürgertums
- FR: einsetzende Industrialisierung und Entwicklung der Arbeiterbewegung
→ Entwicklung in Verbindung mit Umbrüchen
→ Konflikte, Instabilität
→ Revolutionen sind Kennzeichen frz. Geschichte im 19. Jahrhundert

- Stabilität erst allmählich ab 3. Republik

Napoleon
- Napoléon Bonaparte krönt sich selbst zum Kaiser
- wird nach Scheitern seines Eroberungsfeldzuges abgesetzt und verbannt
- erlangt nach Flucht Herrschaft erneut → Hundertage-Herrschaft
- wird nach Schlacht von Waterloo endgültig verbannt

1814/15 Restaurationsmonarchie unter Louis XVIII und Charles X.
- konstitutionelle Monarchie
- Rückkehr der Bourbonen
- Restaurationsbestrebungen
- Kontinuität → siehe Ludwig XVIII
- Notwendigkeit einer Verfassung; Zensuswahlrecht, eingeschränktes Mitspracherecht eines zweikammerigen Parlaments (Adel, wählbar)

1830: Julirevolution/Julimonarchie
- Sturz der Bourbonen
→ konstitutionelle Monarchie unter „Bürgerkönig" Louis Philippe von Orléans
→ Verfassungsgebende Versammlung, Eid des Königs
→ ab 1840: langsam einsetzende Industrialisierung

1848: Februarrevolution und 2. Republik
- Sturz der Monarchie
→ Republikanische Verfassung durch Wahlen
→ Staatspräsident wird Louis Napoléon Bonaparte
- Bedeutung von Sozialer Frage
→ Arbeiteraufstände, Repressalien

Staatsstreich 1851: Sturz der Republik, 2. Kaiserreich
1. Bedeutung des Militärs
2. Prestige des Namens Napoleon
- Volksentscheid; neue Verfassung und Wahl des Kaisers Napoleon III.
- gleichzeitig: 2. Phase der Industrialisierung/Kapitalismus
→ sorgt für innere Ruhe/Stabilität, aber Repressionspolitik
- Überheblichkeit des Kaisers; mehrere Kriege Frankreichs
→ militärische Tradition

Dt.-frz. Krieg 1870/71
- List Bismarcks: Emser Depesche

→ Krieg mit Niederlage Frankreichs; einschneidende Zäsur
- gleichzeitig 1870 Sturz der Monarchie
→ Ausrufung der 3. Republik am 04.09.1870
- Frage: Welche Regierungsform für Frankreich?`
- Aufstand der Commune von Paris → Bürgerkrieg der Arbeiterschaft gegen Republik
→ Republik vorerst nicht etabliert, keine Verfassung
- 1875 Verfassungsgesetze für Institutionen
- ab 1880 Etablierung der Republik

b) Die Februarrevolution von 1848 und Weiterentwicklung der republik. Traditionen
- Kontinuität bei Zählung/Kontinuitätsdenken
- Unterschied: Deutschland keine Kontinuität
- Symbole: Trikolore, Jakobinermütze, gallischer Hahn
→ Rückgriff auf 1789 Revolutionstradition
- Gemälde von 1849: Völker Europas ziehen zur Marianne-Statur
- Vorbildfaktor: Frankreich bei Revolutionstradition
- Christusfigur
- Republik als Wertevorstellung

c) Etablierung der Republik (ab 1870)
- Innere Gespaltenheit/Konflikte
- Zäsur für Frankreich: Abtritt Elsass-Lothringen
→ Wirtschaftlicher Einschnitt, Demütigung
→ Prägung dt.-frz. Beziehungen
- Infragestellung der 3. Republik
→ Parlamente monarchistische Mehrheiten
→ 2 mögliche Thronfolger; Konflikt
- 1875 knappe Mehrheit für Republik
→ dennoch: Streit geht im Konflikt zweier Lager weiter
- ab 1879: republikanische Mehrheit im Parlament
→ Etablierung der Republik
Symbole
- Marseillais als Nationalhymne, Nationalfeiertag
→ Festschreibung der Revolutionstradition

2. Symbol der Marianne im Wandel der Zeit
- Frauengestalt als Repräsentation der neuen Tradition
→ symbolische Inszenierung der Nation durch Marianne
→ stammt aus katholischer Tradition der Marienverehrung
- Marianne z. T. als Mutter dargestellt, aber auch Kämpferin
→ Jakobinermütze
- 1870: Marianne als Kämpferin für Republik
→ „Volk, sei wachsam!"
- USA als Vorbild für frz. Revolution
→ Geschenk der Freiheitsstatue; eine Art Mariannenfigur
→ Licht der republikanischen Ideen/Einheit/Kräfte der Republik
- heute: Marianne omnipräsent, aber kaum noch wahrgenommen
→ Marianne präsent vor allem bei Konflikten
→ deshalb: Bedeutungsverlust

Vorlesung 6: Grundlagen nationaler und republikanischer Identität in der Dritten Republik: Die Tradition der Revolution und der Laizismus

Kurzer Rückblick:
- 1789/1792-1870: sehr widersprüchlicher Prozess, endet in der Etablierung der Republik nach 1870
- III. Republik (ab 1870) schreibt sich die Tradition der I./II. Republik erst ein
- zunächst instabil!
- erst um 1880 Festigung/Konsolidierung der Republik (republikanische Mehrheit im Parlament)
- Versuche erneut eine Monarchie einzuführen scheitern
→ nicht aufgrund der Mehrheit für Republik, sondern aufgrund interner Streitigkeiten der Monarchisten
- letztlich: Republik als symbolischer Bezugspunkt für Nation
- nach 1870/81
→ Gleichsetzung, die Nation und Republik identifizieren
→ Gleichsetzung, die Republik mit der Revolution identifiziert

Marianne:
- Verkörperung der Republik in Frauengestalt
- Frankreich als Königreich: Vater = König
- Frankreich als Nation: seit 1789 Frauengestalt als Imagination von Weiblichkeit; Abgrenzung zum Alten Frankreich
- Ursprung der Figur während der Revolution; auch Anlehnung an religiösen Marienkult
- während Kampf von Monarchisten und Republikanern im 19. Jh. wird Marianne stets als Symbol für Republik verstanden, jedoch verschiedene Konnotationen
→ 1878 wird Marianne Symbol = Etablierung der Republik
→ letztlich Republik als symbolischer Bezugspunkt der Nation

1. Aspekte der Konstruktion einer nationalen Identität in der Dritten Republik: republikanische Symbole und historische Traditionen
- 1: Identitätskonstruktion durch historische und symbolische Dimension

a) Symbolisches Datum
- Gleichsetzung revolutionäres Erbe u. Republik
→ Einheit der Revolution lange umstritten
→ 1889 doppeltes symbolisches Datum/doppelter Bezugspunkt
→ vorwärtsgerichtet = Fortschritt; ruckwärtsgerichtet = Tradition der Revolution
- Revolution als Einheit *identitätsstiftend* ab 3. Republik
→ Geschichtsschreibung entwirft einen einheitlichen Zusammenhang
→ kollektives Gedächtnis der Revolution
→ ab 1889: Nationalfeiertag als Volksfest

b) Synthese: Aneignung der Nationalgeschichte
- Nationalgeschichte als einheitlicher Zusammenhang
- Nationalgeschichte als Identifikationsangebot
→ beides identitätsstiftend (Schulbücher)
→ Republik als Grundlage für große Zukunft
→ Erbe, dass es weiter zu führen gilt
→ zukunftsweisend, verpflichtend

- Wie wird nationale Identitätskonstruktion im kulturellen Bewusstsein vermittelt?

2. Die Republik als eigenständiges Wertesystem – Der Laizismus

- Republik als Wertegemeinschaft (Besonderheit der frz. Staatsform)
→ Staatsbürger bekennt sich zu republikanischen Werten
→ deshalb: Frankreich traditionelles Einwandererland
→ Wertesystem auch mit Begriff Laizismus zusammengefasst

2 Strukturelle Maßnahmen, mit denen sich die Republik auch praktisch durchsetzen kann
- Etablierung eines laizistischen Schulwesens (Louis Ferry, 1880)
- Loi de 1905: Trennung von Kirche und Staat
- vorher: Schule überwiegend in kirchlicher Hand
- dann:
→1880/81 Etablierung laizistischen Schulwesens
→ Einführung einer allgemeinen, kostenfreien und laizistischen Schulpflicht
- Lehrer als wichtige Instanz in Festigung der 3. Republik

- Text: Errungenschaft d. Abschaffung von Privilegien
→ Ungleichheit: Hineingeboren in soziale Klasse
→ Gleicheit der Bildung als Vollendung der Revolution
→ ohne Gleichheit in Bildung keine Gleichheit von Rechten; kein Zusammenhalt
- Klassen überwinden, gleiche Bildung = Einheit der Nation
→ Schule als Ort nationaler Identität
→ Schule als Verankerung der Republik

Trennung von Kirche und Staat 1905
- Laizismus als ideologischer Bezugspunkt der Republik
- Neutralität gegenüber Vielfalt von Glaubensbekenntnissen
- System grundlegender Wertevorstellungen
- Universalismus der Revolutionsideals wesentlicher Bezugspunkt für die laizistischen Prinzipien

Schleierdebatte/Kopftuchverbot im 20./21. Jahrhundert
- Indiz für Krise der republikanischen Identitätskonstruktion
- Kontroversen über Verschleierungen von Frauen im öffentlichen Sektor
- geht mit gesellschaftlichen Wandel des 20. Jahrhunderts einher
- besonderes Konfliktfeld: Tragen von religiösen Symbolen in Institution Schule (auch Schülerinnen)
- Auslöser: Ausschluss verschleierter Mädchen aus Unterricht
- gesellschaftliche Akzeptanz kultureller Alterität (identitätsstiftende Aspekte)
- Konflikt mit republikanischem Selbstverständnis
→ Austragung eines grundlegenden Wertekonflikts (laizistische Republik)

Rede Jacques Chiracs zur Kopftuchdebatte 2003
- Nationale Identität durch Werte im Sinne des Laizismus
→ Erbe der Revolution
→ basierend auf republikanischem Wertesystem
→ Akzeptanz von Diversität/Alterität
- Wandel der Welt, Multikuluralität
→ einzelne Gruppen: Gefahr für nationale Identität
→ Besinnung auf republikanische Tradition (Laizismus)

- Schule als Ort der Vermittlung republikanischer Werte/nationaler Identität
→ Religion/Ideologie gegen Einheit

Vorlesung 7: Grundzüge frz. Wirtschaftsentwicklung im 19. und 20. Jh.

Kürzer Rückblick
- 19. Jh. widersprüchlicher Prozess, verschiedene Kräfte ringen um Macht
- Welche Symbole der Republik gibt es? Charakterisieren Sie deren Entstehung.
- Identitätskonstruktion
- Rede Chricas:
→ Kopftuch als Ausdruck einer Geschlechterhirarchie vs. Gleichheitspostulat;
→ Schule als republikanisches Heiligtum; vermittelt Werte der Republik

1. Die französische Wirtschaft zwischen Stagnation und Modernisierung (1850-1940)
a) Verlangsamte Entwicklung der industriellen Produktion
- Industrielle Revolution
→ in FR unterschiedliche Intensität
→ Verspätung der Industrialisierung
→ fehlendes Bevölkerungswachstum, sowie Ausbau von Infrastruktur
- „Deutsche Brille": Frankreich rückständig, romantisch verklärt
- FR bis 1936 agrarisch dominiertes Land
→ Industrie wandert von Nordfrankreich nach Süden; Textil- und Montanindustrie
→ erst nach 2. WK dominiert Industriesektor
- ältere, bäuerliche Strukturen brechen sehr schnell auf
→ Nord-Süd-Teilung in wirtschaftlicher Entwicklung

b) Bevölkerungsentwicklung, Migration und städtische Konzentration
- bis 1936 keine markante Entwicklung in der städtischen Konzentration, lediglich Paris
großer Ballungsraum
→ Konzentration um Paris herum
- Urbanisierung sehr schleppend, erst nach 2. WK
→ folgt damit Entwicklung, Verbreitung industrieller Produktion
- deutliches Bevölkerungswachstum erst ab 1945

2. Wirtschaftsentwicklung bis zum Ende des 20. Jh.
- intensiver Übergang von Agrarnation zur Industrienation
→ dramatischer Umbruch in sehr kurzer Zeit (wenige Jahrzehnte)

3. Phasen der frz. Wirtschaftsentwicklung nach dem 2. WK
a) Wiederaufbau (1945-1958)
- dramatischer Abfall der landwirtschaftlichen Produktion
- starke Industrialisierung
- amerikanische Marshallplanhilfe
- Nationalisierung, Wirtschaftspläne; große Bedeutung des Staats für Wirtschaft

b) beschleunigte Expansion (1958-75)
- wirtschaftliche Öffnung Frankreichs durch europäischen Einigungsprozess
→ Kompensation des Wegfalls von Absatzmärkten der frz. Kolonien
- Boomsektoren: Autoindustrie, Montan
- politische Neuerungen; Währungsreform
- „Babyboom"

- Anteil der Beschäftigten im Industriesektor erreicht Höhepunkt

c) 3 Krisen und Strukturwandel (seit 1975)
- Ende des Wachstumsbooms
- Ölkrise = Verteuerung des Ölpreises schadet auch frz. Wirtschaft
- Beschäftigungskrise = wachsende Arbeitslosigkeit
- Rationalisierung, Mechanisierung
- sinkende Wachstumsraten
- weiterer fundamentaler Strukturwandel: Dienstleistungssektor wird dominant, Teiler der Großindustrie verschwinden allmählich wieder

Wirtschaftliche Modernisierung und gesellschaftlicher Wandel
- Strukturwandel der Landwirtschaft
→ Auflösung traditioneller ländlicher Sozialstrukturen, Entvölkerung breiter Landstriche
- Problem des dramatischen Wandels vom Agrar- zum Industrieland
→ soziale und psychologische Folgen sind Desorientierung und Entfremdung
→ siehe Terminus „paysan-ouvrier" bzw. „ouvrier-paysan"

3 Aspekte der gegenwärtigen Situation der französischen Volkswirtschaft
- ab 1945: Industrieller Aufschwung und Rückgang der Landwirtschaft („Trente glorieuses")
- ab 1975: Industriekrise und Aufschwung des Tertiären Sektors
- immer stärkere wirtschaftliche Angleichung beider Wirtschaftspartner DEU+FR

Fazit:
1. Aufbauphase; 2. Boomphase; 3. Phase der Umstrukturierung

Fragenkatalog:

- Eckdaten (!): Überblick über die politischen Umbrüche im Frankreich des 19. Jh. / Deutung der Entwicklung aus heutiger Sicht
- Die Republik etabliert sich: Die Dritte Republik; Anfänge und Stabilisierung; Maßnahmen zur Etablierung der Republik?
- In diesem Kontext – die symbolische Inszenierung der Republik :
  - Die *Marianne*-Darstellungen: Ursprung (wie ist die Figur der Marianne entstanden?), geschichtliche Entwicklung, Bedeutung der Gestalt im 19. Jh. und heute?

Allgemeinere Frage (‚vorlesungsübergreifend'):
Welche Symbole der nationalen Identität Frankreichs haben ihren Ursprung in der Zeit der Revolution? Nennen Sie 2 Beispiele und charakterisieren Sie kurz ihre Entstehung und historische und gegenwärtige Bedeutung.

- Warum und wie wurde der 14.Juli zum Nationalfeiertag?
- Wer war Jules Ferry? Welche Bedeutung hat er für die Entwicklung des französischen Erziehungswesens?
- Was bedeutet der Begriff *laïcité*? Welche Bedeutung hat er für das französische Schulwesen?
- Skizzieren Sie die Geschichte des Laizismus. Welche Bedeutung hat er in der aktuellen politischen Diskussion in Frankreich?

- Warum bezieht sich das so genannte „Kopftuchverbot" (Gesetz von 2004, das das Tragen auffälliger religiöser Symbole verbietet) in Frankreich sowohl auf Lehrer/innen als auch auf Schüler/innen?
- Phasen der Wirtschaftsentwicklung nach 1945 bis Ende 20. Jh.?
- Unterschiede des Industrialisierungsprozesses in D und F?
- Wie erklärt sich die Diskrepanz zwischen dem deutschen Frankreichbild, das F bis heute verklärt-rückständig wahrnimmt, auf der einen Seite und der Tatsache, dass F heute viert-(fünft-?) größte Wirtschaftsmacht ist, auf der anderen Seite?
- Verstaatlichungen 1945: welche Bereiche – Gründe? Inwiefern prägt dies bis heute die französische Gesellschaft?

Vorlesung 8: Krise der 1930er Jahre und die Volksfront/ Die Zeit der deutschen Besatzung (occupation 1940-1944)

1. Die Krise der 1930er Jahre und die Volksfront

a) Vorgeschichte und Entstehung der Volksfront
- Verschärfung der sozialen Konflikte nach 1. Weltkrieg / Weltwirtschaftskrise
- Machtergreifung der Nationalsozialisten in D / faschistische Gefahr in Frankreich (Putschversuch)
→ antifaschistisches Bündnis aus Kommunistischer Partei und Sozialistischer Partei
- Neue Einheitsdynamik der Linken: in der Volksfront (*front populaire*) vereinigt

Front populaire (Volksfront)
- Sammelbewegung der frz. Linken ab 1934
- Antwort der Linken auf:
1. die Folgen der Weltwirtschaftskrise
2. faschistische Gefahr: vereinigt die gespaltene Linke zu einem „antifaschistischen Bündnis"
- Wahlsieg 1936: Am 4.Juni: erste Volksfront-Regierung; regiert bis 1938

b) *Accords Matignons*
- Große Sozialreformen der Volksfrontregierung
→ 40-Stunden-Woche, bezahlter Urlaub, Lohnerhöhungen, Stärkung der Gewerkschaften

Scheitern der Volksfrontregierung
- Geplanter Aufschwung bleibt aus
→Arbeitslosigkeit blieb
→ Inflationsrate steigt
→ Investitionen blieben aus; Kapitalflucht
- wirtschaftliche und soziale Situation verschlechtert sich weiter
- Außenpolitische Probleme: z. B. Spanienfrage (Bürgerkrieg)
- Innere Spaltungen - Regierung fällt auseinander und tritt zurück

c) Die Volksfront als *lieu de mémoire*
- Verdienste der Volksfront als **Volksfront-Mythos**
- *accords Matignon* wirken zeitversetzt weiter
- Volksfront-Regierung = Moment einer gesell. Aufbruchsstimmung
- Teilung der politischen Lager in *La Gauche /La Droite* hat ihren Ursprung in der Volksfront

2. Die Zeit der deutschen Besatzung (*occupation* 1940-1944)

<u>a) Der Zusammenbruch der Dritten Republik</u>

- 1938 Ende der Volksfront-Regierung: Münchner Abkommen Sep 1938
- 1939 „la drôle de guerre"
- 1940 „Blitzkrieg" – Trauma, das die dt-frz Beziehungen noch lange prägt Besetzung Paris Regierung zunächst nach Bordeaux, dann nach Vichy
- 1940: Auflösung der 3. Republik, Ausschluss der Kommunisten, Parlament überträgt Pétain diktatorische Vollmachten
→ Frankreich in 2 Zonen unterteilt (besetzt und unbesetzt), Kollaborationspolitik
<u>b) Vichy-Regierung 1940-1944 „Etat francais"</u>
- Marschall Pétain – „Retter Frankreichs"
- Politik Pétains der institutionellen und wirtschaftlichen Kollaboration (Zusammenarbeit) mit der Siegermacht
→ „um das Schlimmste zu verhindern"
→ trotz harter Bedingungen des Waffenstillstandes vorerst Zustimmung in Bevölkerung

<u>Plakat: „Révolution nationale"</u>
- nationalkonservative Revolution
- 2 Häuser: linkes stützt ein → alter republikanische Verhältnisse
- recht: Haus mit Trikolore verziert; hierarchischer Staat der Handwerker und Bauern
→ antimodernistische Ausrichtung
→ Frankreich als Agrarstaat in „neuem", nationalsozialistischen Europa
→ Staat auf traditionellen Werten basierend, Diktatur in hierarchischer Struktur
- Bruch mit Werten der Revolution
→ z. B. Bruch mit Laizismus

<u>c) Die *Résistance*</u>
- de Gaulles „appel du 18 juin" (1940) aus dem Londoner Exil
- 1942: massive Verschlechterung der wirtschaftlichen Situation
→ Zwangsarbeit, Judenverfolgung, 1942 besetzt Wehrmacht auf freie Zone
→ Scheitern der Kollaborationspolitik wird offensichtlich
- ab 1942 Erstarken des inneren Widerstandes

<u>ORGANISATION DES WIDERSTANDES</u>
- Innerfranzösische Résistance (wichtigster Führer: Jean Moulin) akzeptiert Führungsrolle de Gaulles
- *Conseil national de la Résistance* :
→ Vertreter aller politischen Parteien, die an der Résistance beteiligt sind
→ 1944 Programmweitgehend soziale Reformen vorsieht und in vieler Hinsicht an die Politik der Volksfront anknüpft; Erneuerung Frankreichs
- Einigung der *Résistance* bleibt instabil

<u>Gaullistischer Résistance-Mythos</u>
- Zentrum der nationalen Identität, Mythos der französischen Erinnerungskultur
Grundlage = de Gaulles Deutung:
« La République n'a jamais cessé d'être. La France libre, la France combattante [...] l'ont tour à tour incorporée. Vichy fut toujours et demeure nul et non avenu. »
- Konstruktion soll nach der *Libération* die nationale Einheit und Identität Frankreichs wieder herstellen
- Mythos ist Grundlage zur Überhöhung der eigenen Bedeutung als „Retter der Nation"

- seit 1970ern: Infrage stellen des Résistance-Mythos, identitätsstiftende Funktion fragwürdig

Vorlesung 9: Die „Libération" und die Anfänge der Vierten Republik (1946-1958)

a) Die politischen Kräfteverhältnisse nach 1944
- Situation der Befreiung / Invasion der Alliierten
- De Gaulle kehrt als Führer einer provisorischen Regierung nach Frankreich zurück
- Nachwirken der Volksfront-Tradition in erster Parlamentswahl 1945
- provisorische Nachkriegsregierung bis Herbst 1946 (Allianz verschiedenster politischer Lager)

b) „Aufbruchstimmung 1944-1946"
→ Frauenwahlrecht eingeführt; in Frankreich ganz viel möglich

Allianz der Résistance-Gruppierungen beginnt zu bröckeln
- Blockbildung
- Entwicklung des Kalten Krieges: politische Spaltung der Résistance-Kräfte
- kontrovers diskutierte Frage: Stärke der Exekutive in neuer Verfassung?

c) Die Verfassungsdiskussion und der Beginn des Kalten Kriegs
→ Anknüpfen an Tradition der III. Republik?
- de Gaulle vs. Léon Blum
- da Gaulle:
→ unabhängige Stellung des Staatspräsidenten; Exekutive
→ unabhängige Stellung der Regierung; nur Legislative
- Léon Blum:
- dominante Position des Parlaments ; Kontrolle auf Präsidenten
- alle Macht der Republik in den Händen des Parlaments = Strukturen der III. Republik, Kontinuität

- Ergebnis: Anknüpfen an III. Republik
→ entscheidenden Befugnisse der *Assemblée Nationale;* schwache Regierung
→ da, Angst vor antirepublikanischen Tendenzen, also Verbeugung zu starker Exekutive

d) Grundprobleme der IV. Republik
- neue Verfassung 1946: entscheidender Machtfaktor ist weiterhin Parlament
- Grundproblem der IV. Republik: alle Parlamente der IV. Republik haben instabile Mehrheiten

- Gründe der politischen Instabilität der IV. Republik:
→ Machtstellung des Parlaments, das Regierungen ernennen und stürzen kann
→ Ausschluss der Kommunisten aus Mehrheits-, bzw. Regierungsbildung

Vorlesung 10: Die Auflösung des französischen Kolonialreichs, der Algerienkrieg und das Ende der IV. Republik

1. Die Auflösung des französischen Kolonialreichs und der Algerienkrieg

a) Frankreich als Kolonialmacht
- Multikulturelle Gesellschaft in FR geprägt durch koloniale Vergangenheit
- Geschichte Frankreichs als Kolonialmacht
→16.-18. Jh. Kanada - Nordamerika
→19. Jh. / 20. Jh. Nord- und Westafrika; Indochina
→ Zwischen Erstem und Zweitem Weltkrieg „Blütezeit" des *Empire colonial*
- Legitimation der Kolonialpolitik:
- Die kolonialistische Konstruktion einer kulturellen Überlegenheit / abwertende Deutung von Alterität
- Diskurs einer „mission civilisatrice"; Ideale der Republik in Welt tragen
- Niederlagen in Kriegen: Kolonialisierung trägt zum frz. Selbstbewusstseins bei
- rassische Stereotype

- Realitäten hinter dem kolonialistischen Diskurs
- Widerspruch; indigene Bevölkerung keinerlei Rechte, Unterdrückung durch Kolonialmacht
→ Versuch der positiven Deutung eines Gewaltaktes
→ Versuch Vormachtstellung durch langsame Zugeständnisse zu wahren zu spät

Krise und Auflösung des Kolonialreichs
- Erste Befreiungsbewegungen → siehe Indochina
- Zusammenbruch des Kolonialreichs
Kolonialismus und Erinnerungskultur
- Systematische Aufarbeitung der kolonialen Vergangenheit erst seit der Jahrtausendwende
- Konstruktion des Fremden, die aus dieser Zeit stammt, bis heute wirkmächtig (siehe Rede Sarkozys 2007, Schulgesetz zur kolonialen Vergangenheit FR)

b) Die Lage in Algerien und der Beginn des Befreiungskrieges
- Algerienkrieg (1954-1962) blutigster und grausamster Krieg der Kolonialgeschichte Frankreichs
- Sonderstellung Algeriens im Prozess der Auflösung des französischen Kolonialreichs
→ Siedlungskolonie
→ Juristischer Status Algeriens: Teil Frankreichs
→ Zwei-Klassen-Gesellschaft
Algerien 1955: Armut, Unterentwicklung und Ausbeutung verantwortlich für den schlechten Lebensstandard der indigenen Bevölkerung

Der Algerienkrieg:
- Beginn des Befreiungskriegs am 1.11.1954
- *Front de libération nationale* (FLN)
- Gewaltsame Repression der Unabhängigkeitsbewegung
- Praxis von Kriegsverbrechen durch französische Armee – öffentliche Diskussion nach Bekanntwerden (seit 1955)
- Ende 1950er: Krieg in Frankreich zunehmend negativ beurteilt
- Krise vom Mai 1958: Versuch eines Aufstands der Algerienfranzosen
- Frankreich mehrfach am Rande eines Bürgerkriegs durch Spaltung der Gesellschaft

Ende der IV. Republik 1958:
→ Rufe nach starkem Mann → de Gaulle übernimmt 1958 Macht in FR
- 1962 Lösung Algeriens aus der französischen Republik
- *Accords d'Évian* 18.3. (Abkommen über die Unabhängigkeit Algeriens) / Referendum: 91% ja-Stimmen
- Proklamation der Unabhängigkeit 1.7.
- Folgen der Unabhängigkeit Algeriens für einen Teil seiner Bewohner (Schicksal der *harkis*; Exodus der Algerienfranzosen)

c) Der Algerienkrieg in der Erinnerung der Jahrtausendwende
- Zunächst Verdrängung
- Erst seit Jahrtausendwende systematische Aufarbeitung
- Erinnerung wesentlicher Bestandteil der Identitätsstiftung Frankreichs
General rechtfertigt Kriegsverbrechen; Aufarbeitungswelle
„Legitimation von Kriegsverbrechen ist Mittel der Kriegsführung"

2. Die zentrale Gewalt in der Geschichte FR Charles de Gaulle und der Beginn der V. Republik
- 1940: Aufruf zum Widerstand im Londoner Exil; in Abwesenheit zum Tode verurteilt
- 1944: tritt aus aktiver Politik zurück → Verfassungsentwurf nicht durchgesetzt
- 1958: Ruf nach „Retterfigur" in Krise → de Gaulle

Selbstverständnis de Gaulles:
- Vorstellung von FR von der Vorsehung gestiftete Nation; besondere Rolle als „grande nation"
- FR in nationaler Größe eigentliche Bestimmung
- Mission: Seine Rolle in die Welt zu tragen; Charakter FR als überzeitliche Konstante
→ de Gaulle als Konstruktion einer nationalen Identität
→ traditionsorientierter Nationalismus, Synthese als Konstruktion nationaler Identität

Vorlesung 11: Die Anfänge der Fünften Republik unter de Gaulle (1958–1969)/ Mai 1968 als Modernisierungskrise/ Die Fünfte Republik nach de Gaulle

Rückblick:
a) Sonderstellung Algeriens im Auflösungsprozess des Kolonialreiches
→ Siedlungskolonie, Algerien als Teil Frankreichs, seit 1946 eingeschränkte Bürgerrechte für Araber; Zweiklassenwahlrecht, Zweiklassen-Gesellschaft
→ Verdrängungs- und Enteignungspolitik, Großgrundbesitzer sind Algerienfranzosen vs. Indigene Bevölkerung in Armut
- Zunächst Verdrängung, späte Aufarbeitung, Krieg nicht als solcher bezeichnet, bis heute Polarisierung der frz. Gesellschaft

b) De Gaulles Selbstverständnis
- traditionsorientierter Nationalismus
- Integration der Tradition der Republik (Kontinuität der Republik)
- Art Synthese als Angebot nationaler Versöhnung zwischen rechten und linken politischen Lagern
- gesellschaftliche Bedeutung de Gaulles
- Grundprobleme der IV. Republik:
→ instabile Mehrheiten im Parlament; Machtstellung des Parlaments Regierungen zu stürzen,

17

Ausschluss der linken Parteien aus Mehrheitsbildung
- 2 gegensätzliche Stellungnahmen zum Verfassungsentwurf der 4. Republik

c) Eine französische „Machtergreifung"? De Gaulle und das Ende der IV. Republik (1958)
- de Gaulle als neuer Premierminister mit außerordentlichen Vollmachten ausgestattet, beauftragt Verfassung auszuarbeiten
- Neue Verfassung: Grundlage zur Überwindung der Krise 1958
→ Stärkung der Exekutive, vor allem des Staatspräsidenten
→ Beschneidung der Macht des Parlaments
→ Relativ großer Spielraum der Exekutive
→ Gewichtsverlagerung zugunsten der Exekutive soll für stabile Regierungsverhältnisse sorgen

1. Die Anfänge der Fünften Republik unter de Gaulle (1958–1969)

a) Die Fünfte Republik als Präsidialdemokratie
- Herausragende Stellung des Staatspräsidenten:
- seit 1962 Direktwahl auf 7 Jahre, seit 2002 auf 5 Jahre
- Legislative = Parlament
- Exekutive = Staatspräsident
- absolute Gewaltenteilung
- Ernennung und Entlassung des Premierministers
- Vorsitz im Ministerrat
- Verkündung der Gesetzte, suspensives Veto ggf. dem Parlament
- Referendum
- Auflösung der NV (nach Konsultation von Premierminister und Parlamentspräsident)
- Oberbefehlshaber der Streitkräfte
- Ernennt die höchsten zivilen und militärischen Staatsämter
- Ratifizierung von internationalen Verträgen
- Sondervollmachten: Artikel 16, Art. 11, Art. 49
→ Notstandsartikel, Vertrauensfrage mit Gesetzesvorlage verbinden
→ große Macht des Präsidenten, so lange politische Mehrheit in Volksversammlung mit politischer Ausrichtung des Präsidenten übereinstimmt

- Problem: Cohabitation, d. h. Premierminister anderer Partei angehörig als Staatspräsident
→ denn Premierminister kommt von Mehrheitspartei

Gründe für relativ stabile Strukturen der V. Republik:
- starke Position und eigene Legitimität des Staatspräsidenten
- Mehrheitswahlrecht bei Parlamentswahlen
- Synchronisierung der Wahlen von Präsident/in und Parlament durch Verfassungsänderung von 2002 (Amtszeit des Präsidenten/der Präsidentin von 7 auf 5 Jahre verkürzt / wie *Assemblée Nationale*)

2. Mai 68 als Modernisierungskrise
a) Jugendkultur und studentische Protestbewegungen
- Revolte gegen verkrustete Moralvorstellungen
→ z. B. Trennung von Mädchen und Jungen in Studentenwohnheimen
- anarchistische Gruppierung „le mouvement du 3 mars"
- Besetzung der Sorbonne; Zusammenstöße mit der Polizei
- Barrikadenkämpfe im Quartier Latin, spontan und unorganisiert → Ausdruck von Unzufriedenheit

- erneute Besetzung
- 18.05. Generalstreik, Arbeiterschaft schließt sich Studentenbewegung an
- Daniel Kohn-Bendit wird ausgewiesen
- Beschluss für Lohnerhöhungen etc.
- 29.05. verschwand de Gaulle
→ Auflösung der Nationalversammlung, Neuwahlen
→ Ende der politischen Karriere de Gaulles

Text: Die Revolte vom Mai 1968
- Frankreich regungslos, verharrt in seinem Statusquo
- während glorreichen dreißig Jahren, Wohlstand der Gesellschaft, Konsumgesellschaft
- trotz allgemeiner Modernisierung, kein gesellschaftlicher Wandel
- Diskrepanz von wirtschaftlichem Boom und fehlender gesellschaftlicher Modernisierung
- Studenten: Kinder einer Babyboom-Gesellschaft, Verdreifachung der Studentenschaften
→ Universitäten in keinster Weise vorbereitet
- so schnell wie Aufstände gekommen sind, sind diese wieder verschwunden

Zusammenfassung:
- Diskrepanz von wirtschaftlicher Modernisierung und gesellschaftlicher Liberalisierung
- Babyboom-Generation
- Frau durfte nicht erwerbstätig ohne Zustimmung des Mannes; Verhütung verboten
- Ausbildung einer Jugendkultur
- dramatischer Wandel der Universitätslandschaft
- Aufeinanderprallen verschiedener Generationen und Moralvorstellungen

Folgen des Mai 68
- kurzfristig: Rücktritts de Gaulles 1969 (trotz Wahlsieges Sommer 68)
- langfrisitig:
→ Liberalisierung der Gesellschaft
→ Widerstandsbewegungen („außerparlamentarische" Proteste, radikalisiert)
→ Neue Frauenbewegung/Debatte um Kriminalisierung des Schwangerschaftsabbruchs
→ Sieg des Sozialisten Mitterand 1981; Linke als wählbare Alternative zu Gaullisten

Vorlesung 12: Ein Grundproblem der politischen Strukturen Frankreichs: Zentralismus und Regionalismus

Rückblick:
a) Die fünfte Republik als Präsidialdemokratie
- geringere Machtstellung des Parlaments
- herausragende Stellung des Staatspräsidenten

b) Die 68er-Bewegung
- Diskrepanz zwischen wirtschaftlicher Modernisierung und fehlender gesellschaftlicher Liberalisierung (Wandel von Moral- und Wertevorstellungen bleibt aus)
- Baby-Boom-Generation
- Dramatischer Wandel der Universitätslandschaft: Studierenden-Zahlen verdreifacht sich innerhalb 1960er Jahre / verkrustete universitäre Strukturen
- Ausbildung und Blütezeit einer Jugendkultur (Popmusik)
- Revolte richtet sich gegen überholte Moralvorstellungen

- Forderung des Zusammenschlusses mit anderen Bevölkerungsgruppen um Ziele zu erreichen
→ Verbrüderung mit Arbeiterschaft, Bauern; Generalstreik
→ studentischer Aufruhr zu gesamtgesellschaftlicher Krise

- Folgen Kurzfristig: Rücktritt de Gaulles 1969 (trotz Wahlsieg im Juni 1968 Autorität nachhaltig erschüttert)
- Langfristige Folgen:
  1. Liberalisierung der Gesellschaft
  2. Widerstandbewegungen („außerparlamentarische" Proteste radikalisiert / LIP, LARZAC)
  3. Neue Frauenbewegung / Debatte um Kriminalisierung des Schwangerschaftsabbruchs / Loi Veil 1975
  4. Sieg des Sozialisten F. Mitterrand 1981(Präsident von 1981-1995)

c) Frankreich nach de Gaulle
- Georges Pompidou (1969-74)
→ gaullistischer Politik flexibler, Öffnung FR nach Europa, Ende des Kolonialreichs
- Valéry Giscard d'Estaing (1974-81)
→ Hochschulreformen, Reformen, Aufstieg der Linken
- Francois Mitterand (1981-1995)
→ Assimilationskraft der 5. Republik, Integration der Sozialisten, erfolgreiche *Cohabitation*, Verstaatlichung, Dezentralisierungsmaßnahmen
- Jacques Chirac (1995-2007)
→ Macht Verstaatlichungen rückgängig, Tiefpunkt bei Wiederwahl wegen Le Penn
- Nicolas Sarkozy (2007-)
→ Sieg durch drastische Schwächung der Linken, Versuch der Synthese mit Linken

1. Historische und politische Aspekte des französischen Regionalismus

a) Historische Grundlagen der regionalen Besonderheiten

- steht in engem Zusammenhang mit der Herausbildung des französischen Nationalstaates – Verweis auf VL 3
→ Provinzen des monarchistischen Frankreichs (heterogenes Gebilde; Sonderrechte; unterschiedliche Steuergesetzbarkeiten)
→ Absolutismus
→ Fortschreibung/Intensivierung der zentralistischen Staatsorganisation mit der Französischen Revolution
Paris als Zentrum der Macht, obwohl nicht im geograf. Zentrum
- Bindeglied zwischen Zentrum und Peripherie bis 1982 ist Präfekt
→ verlängerter Arm aus Paris
- Zentralismus: Alle Entscheidungen in Paris, auf lokaler Eben eher kleine Kompetenzen
- Tradition: Frankreich einheitlicher, unteilbarer Staat
→ Gemeinwohl
→ nationale Einheit
- schon auf Absolutismus zurückgehend, Macht der regionalen Fürsten brechen
- Revoltionäre durch Departements Gleichheitspostulat
→ Repbulik ist eins und unteilbar

Uneinheitlichkeit Frankreichs :
→ Nord-Süd-Teilung bzgl. Alphabetisierungsgrad

→ „religiöse" Zweiteilung
→ Sprachliche Vielgestaltigkeit

b) Die rationalistischer Bewegung der siebziger Jahre
- Die heutige okzitanische Bewegung
- Eigenständigkeit (Stichwort: *colonialisme intérieur*) und um den Erhalt der okzitanischen Sprache
- *mouvement régionaliste*; ökologische Bewegung
- Regionalismus: Bestrebungen und Aktivitäten ethnischer bzw. sprachlicher Minderheiten, die sich gegen die totale Französisierung und die politische Übermacht des zentralistischen Staates wenden und für eine größere regionale Eigenständigkeit eintreten

- Regionalisierung: Form der Dezentralisierung, die die Region zum Ausgangspunkt macht

c) Die Sprachsituation heute
- v. a. Sprachlich heterogen, bis Mitte des 19. Jh., viele unterschiedliche Sprachräume
- Tendenz seit 17. Jh. des Französischen als Einheitssprache
- sprachliche Vereinheitlichung u. a. Durch Revolution, nur ein Drittel der Bevölkerung spricht Französisch (1789)
→ sprachliche Vielfalt kollidiert mit Einheitsgedanken der Republik
→ striktes Verbot des Patois in Schulen
→ Verbreitung des Französischen in Massenmedien im 20. Jh.
- heute: stetiger Abfall der Generation mit Kenntnissen in Regionalsprache
- Zunahme der Bevölkerung mit Fremdsprache stark angestiegen, Regionalsprache viel seltener
- Verdrängung der Regionalsprache durch Durchsetzung des Französischen als Einheitssprache

2. Probleme des Zentralismus
- Mängel des zentralistischen Verwaltungsapparates schon unter Napoleon bekannt
- Kritik an Aufwand wegen zu großer Zahl von Behörden
- langsame politische Entscheidungsprozesse, v. a. auf kommunaler Ebene, geringe direkte politische Partizipation der Bürger

Dezentralisierungsprozess
- Regionalreform 1982/83 Wichtigste Neuerungen:
→ Umwandlung der Regionen in eine autonome Gebietskörperschaft mit direkt zu wählendem *Conseil régional* (vorher: nur beratende Funktion, indirekte Wahl)
→ Wegfall der tutelle administrative (Machtbefugnisse des Präfekten stark beschnitten)
→ Kompetenzzuwachs der Regionen inkl. größer werdenden Budgets
- Verfassungsänderung 2003 (Frankreich ist Einheit, aber Organisation dezentral)

Auswirkungen der Regionalreform:
- Regionen immer mehr eigene Ebene zwischen Paris (nationale Ebene) und den Departements; eigene Entscheidungsbefugnis
- Umstrukturierung der Verwaltung = Mentalitätswandel
- Dezentralisierung: Bis heute keine Beseitigung der sozialen und wirtschaftlichen Ungleichheiten der Regionen; Vormachtstellung der Ille de France

Vorlesung 13 Das französische Bildungswesen: Republikanische Traditionen, Strukturen und aktuelle Probleme

a) Republikanische Traditionen und zentralistische Organisation des französischen Bildungssystems
- Allgemeine Schulepflicht 19. Jahrhundert
- öffentliches Schulsystem; Pfeiler eines gesellschaftlichen Fortschritts; breite Bevölkerungsschichten Bildungsmöglichkeiten
- Ansätze bereits in frz. Revolution
- Durchsetzung erst in 3. Republik „Lois Ferry"
- allgemeine, kostenpflichtige Schulpflicht, ab 1882 laizistisch
- Religionsunterricht ersetzt durch Staatsbürgerkunde
- seit dem Staatsschule und Privatschulen (auch konfessionell gebunden)
- Schule als Ort der Vermittlung von nationaler Identität
- Brief von Ferry 1883:
→ besondere Aufgabe, nicht reine Wissensvermittlung, sondern die Formung eines zukünftigen Staatsbürgers
→ Überhöhung durch Mission; halbchristlicher Begriff
→ Gleichsetzung mit christlichen Missionaren
→ Aufgaben bedingen sich gegenseitig
→ universelles Wertesystem, nachdem Schüler von morgen erzogen werden sollen
→ Ausschluss nicht universeller Werte (Religion)
→ Grundlage ist Laizismus
→ Zentralistische Organisation des Schulsystems notwendig
→ moralische und staatsbürgerlicher Erziehung; republikanische Wertesystem
→ Maßnahmen die Werte der Republik in Köpfen der Bürger zu verankern
→ zum Schluss: Relativierung, da nur Grundlage
- republikanisches Wirken in Schule lange Tradition
- Ort der Vermittlung nationaler Identität
- universelle Werte der frz. Republik
- überhöhte Darstellung durch Mission
- Zentral ist Laizismus
→ Theoretischer Anspruch

Strukturen der Education Nationale
→ jede Bildungspolitische Maßnahme hat landesweite Konsequenzen
→ Bildungspolitik für gesamte Gesellschaft relevant
1. Oben: Staat, Bildungsminister
2. Akademien; Regionen für Lycees verantwortlich, Départements für Colleges verantwortlich
→ jedoch: sonstige Aufgaben, Lehrerausbildung zentral
→ Minister für alle Schulen der Region verantwortlich
- zentralistisches System, größtes zentral geregeltes Unternehmen der Welt
- strenge hierarchische Ordnung

Wesentliche Aspekte:
- Gleichheitspostulat / nach 2. Weltkrieg ausgeweitet worden auf höhere Stufe des Bildungswesens (nicht nur Volksschule wie in III. Republik)
- Collège unique / Einheitschule
- Viel stärker einheitlich ausgerichtete Struktur (soll republikanisches Gleichheitsideal praktisch umsetzen)

- Beginn mit 3 Jahren (école maternelle; wird von nahezu 100% der Kinder besucht)
- Lycée: Sekundarstufe II
- Zentralabitur („sprechendes" Beispiel für zentralistische Organisation des frz. Staates u. Bildungswesens)

Vorlesung 14 Traditionelle Bestandteile der französischen Identitäts-konstruktion und medialer Wandel: Die Entwicklung der „lieux de mémoire"

a) Rückblick: Die Education nationale

3 wesentliche Aspekte prägen die EN:

1. Zentralistische Organisation und Strukturen
→ Gleichheitspostulat verwirklicht in zentralistischer Organisation
→ Collège: Eine einheitliche Schule für alle bis 9. Schuljahr
→ Zentral organisiertes Abitur (baccalauréat): Einheitliche Abiturprüfungen im ganzen Land zur gleichen Zeit
→ Für alle gleicher Lehrplan

2. Die republikanische Konzeption
- Lange Tradition (III. Republik; s. Text von Jules Ferry)
- Grundlegende Idee: Gleichheitspostulat; gemeinsamer Schulbesuch soll Gleichheit herstellen / Schule als Ort, an dem die Wert der französischen Republik vermittelt werden. Schullehrer der III. Republik als „auxiliaires du progrès social et moral"
- Schulwesen spielt bis heute für die Begründung einer nationalen und republikanischen Identität eine zentrale Rolle.
- Fragen des Erziehungswesen von nationaler Bedeutung

3. Strukturelle und soziale Probleme
- Soziale Ungleichheiten vs. Gleichheitspostulat
- Problem, alle eines Jahrgangs in einem einheitlichen Schulsystem zu integrieren (Heterogenität): *Collège* mittlerweile binnenstrukturiert / verschiedene *baccalauréats*
- *Carte scolaire* (Bestrebungen, dieses Zuständigkeitsprinzip zu umgehen (indiv.) bzw. aufzuweichen (polit.)) – verweist auf Grundproblem: hoch angesehene Schulen vs. ZEP
- System der kostenpflichtigen Privatschulen / Elitehochschulen

Fazit: Probleme/Soziale Ungleichheit trotz Gleichheitspostulat besondere gesellschaftliche Bedeutung, da Verstoß gegen Gleichheitsgebot

1. Grundlagen und Funktionswandel der frz. Erinnerungskultur: lieux de mémoire und Mediengesellschaft

–   jede Kultur zeichnet sich durch verschiedene Formen der Erinnerung aus
–   Gedächtnis und Erinnerung zentrale Themen der Kulturwissenschaft
–   Das kulturelle Gedächtnis dient der Festlegung v. Identität u. Selbstbild eines Kollektivs
→ „Wir-Gefühl" auch mit Gedächtnis und Erinnerung
–   Sicht von Vergangenheit imemr durch Gegenwart geprägt
→ Erinnerung ist nur Konstruktion; Berücksichtigung findet das, was für Gegenwart relevant ist

- verschiedene Erinnerungskulturen nebeneinander
- Wechselbeziehung von individuellen und kollektivem Gedächtnis
→ z. B. Beim Zusammenbrechen von Nationen gehen gemeinsame Erinnerung auseinander
- Nationale Identität in F stark in Geschichte verankert
→ Einheit frz. Einheit als Naturkonstante,
→ historische Entwicklung, historisch unveränderliche Existenz
→ Umbrüche als Entwicklungsstufe zur Nation
- Republikanische Geschichtsdeutung, traditionsorientierte Deutung
→ Republik als Vollendung der Geschichte
→ Republikanische Perspektive als Synthese des Ancien Regimes mit der revolurionären Tradition
→ „Könige haben Einheit hergestellt, Volk hat sie verteidigt"
- Heute: als „natürlich" erscheinende Erinnerungskultur als problematisch angesehen
→ z. B. Auflösung ländlich-agrarischer Strukturen
→ Globalisierung
→ Entwicklung multi-kulturelle Gesellschaft
→ Pluralisierung der Erinnerungskultur
→ Krise der Republik 1958
→ gesellschaftliche Krise 1968/Emanzipationsbewegungen 1970er/regionalistische Bewegungen
- Allgemein: Krise der historischen Erinnerung, Vielfalt der Erinnerungskulturen
- Nora: „nation historique" → eine, für alle verbindliche Geschichte

- vs. nation mémorielle" → ständige Erinnerung
==> Relativierung der republikanischen Erinnerungskultur

- Erinnerungsort: Bezugspunkte für Erinnerung; Vergegenwärtigung von Gedächtnisinhalten
→ breitgefächerter Begriff
- Vielfalt von Erinnerungswelten

2. Die Kultstätte nationaler Größe: Das Pantheon
- Gedenkstätte Frankreichs; Besonderheit frz. Erinnerungskultur
- „Überzeitlicher Charakter"
- Gedenkstätte des republikanischen Frankreichs; während Revolution errichtet
- zuerst als Kirche zu Ehren Ludwigs XV. Baubeginn
- Fertigstellung erst 1789, Idee der Revolutionäre als Ort nationaler Erinnerungs
- „Grands Hommes" → Gesellschaftliche Stellung durch Verdienst
- im 19. Jh. verschiedene Funktionen des Pantheons (Kirche vs. nationale Gedenkstätte)
- ab III. Republik, Gedenkstätte
- 2002 wird Dumas pantheonisiert → Probleme mit Modernisierung
→ Versuch Tradition neu zu beleben, Erfolg zweifelhaft
- 2007 auch Forderung nach „Feminisierung" des Pantheons
→ Versuch Ausgegrenztes zu integrieren
→ gescheitert

14. Juli als Nationalfeiertag problematisch
- Frankreich zur Zeit des Sturms auf die Bastille noch Monarchie
- Erinnerungskonkurrenz (siehe Jeanne d'Arc)
- Was ist der 14. Juli heute?
→ eher Volksfestcharakter, Sinn des Datums, Was soll/darf gefeiert werden?
→ nach 200jahrfeier wieder sinnstiftender Bezugspunkt